# BIBLIOTHÈQUE THÉOSOPHIQUE

## Docteur Th. PASCAL

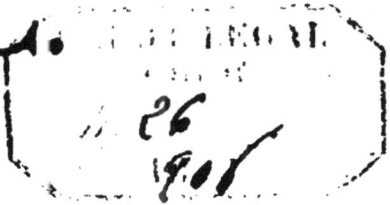

# A. B. C.
# de
# La Théosophie

*Deuxième édition revue et corrigée*

PRIX : 50 CENTIMES

**PARIS**

*PUBLICATIONS THEOSOPHIQUES*

10, rue Saint-Lazare, 10

1906

SAINT-AMAND, CHER. — IMPRIMERIE BUSSIÈRE

# A. B. C.
## DE
# LA THÉOSOPHIE

# DU MEME AUTEUR

---

---

BIBLIOTHÈQUE THÉOSOPHIQUE

## Docteur Th. PASCAL

# A. B. C.
# de
# La Théosophie

*Deuxième édition revue et corrigée*

PRIX : 50 CENTIMES

PARIS

*PUBLICATIONS THEOSOPHIQUES*

10, rue Saint-Lazare, 10

1906

La Bibliothèque théosophique se compose d'ouvrages publiés
par le *Comité de Publications théosophiques*,
*59, avenue de La Bourdonnais*, Paris, VII<sup>e</sup>

## OUVRAGES DÉJA PUBLIÉS

**La Philosophie Esotérique de l'Inde** (4<sup>e</sup> édition), par
J.-C. Chatterji.

**Le Christianisme Esotérique**, par Annie Besant.

**Les Lois de la Destinée**, par le D<sup>r</sup> Th. Pascal.

**Le Credo chrétien**, par C. W. Leadbeater.

**Histoire de l'Ame**, par R. A.

**Les Trois Sentiers** (2<sup>e</sup> édition), par Annie Besant.

**Réincarnation**, par Annie Besant.

**La Théosophie est-elle antichrétienne**, par Annie Besant.

**La Sagesse Antique** (2<sup>e</sup> édition), par Annie Besant.

**La Nécessité de la Réincarnation**, par Annie Besant.

**Sur le Seuil**, par X.

**Le Guide spirituel**, de Molinos.

**Le Temps et l'Espace**, par Guébirol.

**Neuf Upanishads**, traduction française de E. Marcault.

**La Théosophie en quelques chapitres** (2<sup>e</sup> édition), par le
D<sup>r</sup> Pascal.

**Les Formes Pensées**, par Annie Besant et C. W. Leadbeater.

# PRÉFACE

Le présent résumé de quelques points saillants de l'enseignement théosophique a été fait sur le plan de l'excellente brochure de Snowden Ward. Mais, pensant que le public, peu familiarisé encore avec ces hautes doctrines, avait besoin de plus d'éclaircissements, nous avons remanié cette brochure et complété ses divers chapitres.

Nous avons cru nécessaire aussi d'y ajouter un exposé marquant les points nombreux où la Théosophie est d'accord avec la Doctrine chrétienne, et ceux où elle paraît (1) être en désaccord avec elle. Nous pensons avoir démontré que le conflit qui semble exister tient à ce que l'on a imposé la *lettre* « qui tue », au lieu de l'*esprit* qui « vivifie ».

Il n'y a et il ne peut y avoir qu'une Religion, parce qu'il n'y a qu'une Vérité (Dieu), mais nulle intelligence humaine ne peut la saisir pleinement, car elle est Infinie. Elle nous inonde, nous baignons dans sa lumière, mais cette lumière ne nous est transmise qu'à travers les imperfections de nos facultés. C'est pourquoi nous la voyons tous sous des couleurs différentes.

Dans notre ignorance, nous disons que *notre* religion seule est la bonne, et nous cherchons à l'imposer aux autres, oubliant

---

(1) Nous disons *paraît*, car les points *fondamentaux* de toutes les grandes religions ne sont jamais en désaccord, car ils font partie de la Religion-une, universelle, mais les points *secondaires*, souvent fruits de l'altération de la Religion par l'ignorance des hommes, sont parfois en désaccord dans les religions.

que chacun ne peut croire que ce qu'il peut voir, sentir ou comprendre.

Ce qu'il est urgent d'enseigner, c'est qu'il existe une méthode qui permet de développer nos facultés. La préparation à cette méthode consiste en l'amour de tous les êtres, en la purification de nos corps, visible et invisible, et une vive aspiration vers la vérité.

Quand un homme a franchi ces premiers pas, la Destinée (qu'il a créée) le met en contact avec un Instructeur qui lui indique le Sentier, c'est-à-dire ce que le Christ a nommé la Voie.

Il est bon aussi de présenter, à ceux qui le désirent, ce que l'on sait vrai, grand, noble et divin : quelques-uns comprendront, d'autres préféreront garder la forme de la Vérité, qui, malgré ses imperfections, est, pour le moment, le mieux adaptée à leur stade de développement.

Le présent opuscule n'a pas d'autre but.

D' TH. PASCAL.

La Charité, comme la justice la plus élémentaire, demandent qu'avant de prononcer un jugement les parties soient entendues. Ceux qui condamnent la Théosophie ne l'ont pas étudiée, et leur verdict ne peut avoir d'importance auprès des personnes loyales, car le témoignage d'un nombre considérable d'hommes instruits, honnêtes et sensés, ayant donné leur approbation au sujet après l'avoir approfondi, a beaucoup plus de valeur que l'opinion sans base de millions d'individus qui n'ont pas examiné la question.

Une sérieuse difficulté pour l'étudiant qui commence l'étude de la Théosophie, c'est l'ab-

1°

sence d'un résumé clair, simple et concis des principes fondamentaux de cette doctrine. Nous allons essayer ici de combler cette lacune, persuadé que la vérité ne peut être mieux servie que par un exposé sommaire mais loyal de cet enseignement sublime. Il est tout à fait impossible dans un précis aussi rapide de donner une idée de l'ampleur et de la beauté qu'elle offre ; mais ceux qui, après lecture, jugeront le sujet digne d'une étude plus approfondie, obtiendront pour s'instruire toutes facilités de la part des membres de la Société théosophique (1).

## LA SOURCE DE LA RÉVÉLATION

L'on demande fréquemment comment les Initiés ont pu obtenir les connaissances qu'ils

(1) A Paris, spécialement, où le siège de la Société est ouvert, 59, avenue de Labourdonnais, tous les jours, de 3 à 6 h.

ont divulguées — celles en particulier qui ont trait aux Lois qui gouvernent l'Univers.

Les théosophes répondent à cela qu'une Confrérie d'hommes devenus parfaits au cours d'une longue évolution, existe depuis des âges, et que c'est à ces hommes qu'au début de la race humaine, alors que l'humanité actuelle était dans son enfance, de grands Etres, des demi-dieux, fruits d'une longue évolution, conflèrent la garde et l'enseignement de la Révélation primitive au sujet des origines, de l'évolution et des fins.

A certaines époques, le monde est en état de recevoir une portion plus étendue de vérité : à ces moments, la grande Confrérie en confie la divulgation à l'un de ses membres, à un Initié.

Toutes les grandes religions reposent sur l'une de « ces révélations » partielles ; c'est ce qui explique pourquoi, dans chacune d'elles, les dogmes fondamentaux sont constamment les mêmes.

La Théosophie actuelle est le résultat de l'une de ces interventions des Aînés de la Race qui ont projeté, vers 1875, une nouvelle lumière sur l'humanité et qui, vers la fin du xxe siècle, donneront, pense-t-on, une dispensation plus complète au moyen d'un nouvel Instructeur.

Les *Principes essentiels* de la Théosophie sont les trois grandes vérités de l'*Unité spirituelle* des êtres ou Fraternité, de la loi de *Causalité* ou Karma et de l'*Evolution* qui s'effectue par les Réincarnations.

## LE KARMA (1)

c'est la causalité. Toutes les religions l'enseignent plus ou moins nettement sous la forme la plus accessible à l'esprit des masses sous la forme de *Loi de Rétribution* : Tout ce qu'un homme sème, disent-elles, il le moissonne.

Il est évident qu'une connaissance et une conduite parfaites ne peuvent être obtenues

(1) Voir *Karma* par M^me A. Besant.

par l'expérience d'une seule existence terrestre ; le Karma ne suffirait donc pas à expli-
quer la vie s'il n'était étroitement associé à la
*Loi de la Réincarnation.*

La Théosophie insiste aussi tout particuliè-
rement sur l'importance de l'étude de la *Cons-
titution de l'homme,* car avant tout, il faut se
connaître.

Le peu d'étendue de cette brochure nous empêche d'en donner autre chose qu'un aperçu
très incomplet et duquel devront être omis des
points nombreux et importants. Nous prions
donc le lecteur d'en tenir compte dans son
appréciation de la doctrine.

La Théosophie dit que l'homme est composé
de sept principes qui, au cours de l'évolution,
formeront sept corps spéciaux, s'interpénétrant
les uns les autres, cela va sans dire.

# LES SEPT « PRINCIPES » (1)

| | | |
|---|---|---|
| **PRINCIPES DURABLES** | **Atma** . . . . | *L'Esprit* impersonnel, le fragment divin, rayon de la vie universelle divine en l'homme, — la Racine de tout le Septénaire humain. |
| | **Bouddhi** . . . | *Le Corps spirituel.* Ce qui donne les Inspirations intuitives, l'Amour pur, le Dévouement, le Sacrifice. |
| | **Manas** . . . . | *Le Corps mental*, l'Intelligence, qui peut s'allier au corps spirituel (Bouddhi), ou au corps animal (Kama), selon (2) qu'elle cède à l'appel divin ou à l'entraînement des passions. |
| | **Kama Roupa** . . | *L'Ame animale.* Le siège des sensations et, quand le mental intervient, des passions, des désirs et des émotions. |

(1) Voir *les Sept Principes de l'homme*, par le D$^r$ Pascal.

(2) La première est nommée mental *supérieur*, la deuxième mental *inférieur* ou concret.

| | | |
|---|---|---|
| **PRINCIPES PÉRISSABLES** | **Double éthérique** (souvent appelé autrefois **Linga Sharira**) | Le « *double* » de substance subtile (éthérée) qui sert de véhicule au principe vital (Jiva) émané du Soleil. Il interpénètre le corps physique et lui donne la Vie. |
| | **Vie (ou Prâna)** | Le principe universel de Vie (Jiva), après qu'il a été modifié par la substance du « double » éthérique et transformé en force vitale humaine, se nomme Prâna. |
| | **Corps physique** ou **Sthoula Sharira** | Le *corps* visible, dense. |

Les quatre corps (ou principes) périssables, c'est-à-dire ceux qui se dissocient après la mort, forment ce que la Théosophie appelle la « Personnalité » tandis que les trois « principes » (ou corps) durables, qui survivent très longtemps à la désagrégation de la personnalité, forment l'*Individualité* ou homme vrai, encore appelé l'Ego (1). Dans l'homme parfait, ces prin-

Nota. — Les noms sanscrits ont été conservés pour aider l'étudiant dans la lecture des ouvrages, qui souvent les emploient.

(1) L'Ego change de corps au cours de l'Évolution, mais comme ces corps sont de plus en plus parfaits

cipes sont tous harmonisés et unis. Les vibrations qu'ils produisent ou qu'ils reçoivent, sont sous le contrôle de la « Triade Supérieure » (ou Individualité), laquelle gouverne alors parfaitement la Personnalité ou Quaternaire (1). Dans l'homme ordinaire, les « principes supérieurs » sont peu développés encore, et son champ de conscience est agité par les énergies de l'âme animale, qui domine le mental : en lui, les passions, désirs et émotions gouvernent l'intelligence.

et de plus en plus durables, on peut dire qu'il est éternel. Le mystère de l'Éternité ne peut être exposé ici : tout être doit le comprendre avec le temps, et sera pleinement satisfait.

(1) On dit Triade et Quaternaire parce que la première se compose de trois principes (les corps supérieurs) ; la deuxième de quatre principes (les corps inférieurs).

## LE BUT DE LA VIE

C'est l'éducation et le développement, par l'expérience, des facultés latentes dans l'homme. Cela s'opère par les Renaissances et par l'action karmique qui, par son intervention, redresse les plateaux de la balance et donne à l'âme la connaissance des lois physiques, intellectuelles et morales, du Bien et du Mal en somme, c'est-à-dire des Lois de l'Evolution.

Chaque pensée, chaque désir sont des vibrations des corps invisibles lesquelles créent des formes (1).

Ces agrégats matériels vivent plus ou moins

(1) Une forme-pensée ou une forme-désir, lesquelles ont pour *corps* la substance du corps vibrant (substance subtile et invisible à l'œil physique quoique visible à l'œil interne) et pour *âme* la pensée, le désir ou l'émotion qui ont été ses causes génératrices.

longtemps comme agent actif et laissent, quand leur forme est détruite, leur impression sur le germe permanent du corps à la matière duquel cette forme a été empruntée.

Chaque noble sentiment, tout acte pur et désintéressé, un verre d'eau fraîche donné par amour de Dieu ou de l'un de ses enfants (les êtres) est un pas fait sur la spirale ascendante du progrès, et une graine de bien de plus pour la prochaine incarnation ; l'homme qui, au contraire, volontairement, étouffe son intuition (1) et

_____

(1) Cette intuition, appelée « Voix de la Conscience », quand elle dirige la conduite morale est le sentiment profond que quelque chose est vrai ou faux, bon ou mauvais, à faire ou à éviter ; elle vient de l'Ego et se transmet plus ou moins bien à la personnalité selon la pureté de cette dernière et selon les capacités vibratoires des portions du cerveau qui sont l'instrument de l'Ego sur le plan physique.

Lorsque l'âme animale (Kama) occupe tout entière le champ de la conscience, ses vibrations intenses accaparent le cerveau et ne permettent pas aux délicates impulsions de l'Individualité (Manas guidé par Atma et Bouddhi) d'être perçues. Voilà pourquoi le calme, la paix du cœur et la méditation sont nécessaires à ceux qui veulent communier avec l'Ego ou entendre ce qu'on a poétiquement appelé « la Voix du Silence ».

refuse d'écouter la « voix de la conscience » pour
obéir aux impulsions de sa nature inférieure
(Kama), empêche le développement de l'Ego,
en dirigeant vers la nature animale, la force
qu'il doit consacrer à la partie divine de son
être, et se prépare un mauvais milieu pour
l'avenir.

## LA MORT

consiste en la sortie du double vital hors du
corps physique et en la complète séparation
des molécules de ce dernier.

Le corps périt ; le double éthéré se désintègre
peu à peu, et la vie (Prâna) cesse d'être absor-
bée.

Le Kama rupa ou âme animale quitte le
« double » et vit, pendant un temps parfois assez long, dans un milieu subtil qui interpénètre
le milieu physique et qu'on appelle le Purga-

toire (1), la demeure des ombres, *le Kama loca* des orientaux. Parfois le Kama rupa peut suffisamment se matérialiser pour devenir visible à l'œil physique.

Le phénomène s'accomplit par l'attraction sur ce corps invisible d'un nombre considérable de particules empruntées à l'aura (2) vitale du médium ou à celle des personnes présentes. Quand un médium se livre habituellement à une semblable entité, celle-ci peut obtenir, à la longue, un tel ascendant sur lui qu'elle s'en fait un véritable instrument et l'épuise peu à peu, — physiquement au moins.

Cette communication des défunts avec les incarnés donne l'explication de l'évocation des « esprits » et des cas de « revenants » dont les journaux ont donné des récits extraordi-

(1) Voir les détails qui concernent le Purgatoire dans le *Plan astral* par M. C.-W. Leadbeater.

(2) Les médiums sont souvent dans ce cas. Voir les nᵒˢ de janvier et février du *Lotus Bleu* de 1896 : *Un cas de changement de personnalité.*

L'aura est l'atmosphère invisible qui enveloppe toute chose. Chez l'homme elle fournit un très intéressant sujet d'étude. Voir le *Lotus Bleu* d'octobre et novembre 1896 : *L'aura humaine.*

naires (1), et de beaucoup d'autres phénomènes très réels quoique souvent considérés par la science comme des illusions (2).

Le Kama Rupa, s'il n'a pas été artificiellement vitalisé par de semblables communications avec les hommes, se désintègre sous l'action des forces du monde astral de la même façon que le cadavre se désagrège sous l'influence des forces physico-chimiques terrestres, et il ne reste finalement de lui que son germe, lequel s'unit au germe éthérique, (centre permanent du corps physique) et est absorbé avec lui dans le corps causal qui est l'œuf dans lequel se trouvent Atma, Bouddhi, Manas, et plus les germes libérés par la dissociation des corps inférieurs (éthérique, astral et mental concret). Quand l'Ego s'est séparé de l'âme animale, il passe sur un monde de matière extrêmement affinée connu sous le nom de

(1) Cas de Valence-en-Brie et d'autres.
(2) Les théosophes sont opposés à ces évocations car elles troublent les âmes en Kama Loca, arrêtent leur évolution posthume et leur donnent parfois l'occasion d'aggraver considérablement leur Karma.

CIEL,

le *dévakhan* des Orientaux, lequel est, pour la majorité des hommes, un *état* de bonheur parfait et d'activité mentale intense ; un état illusoire à certains points de vue, une espèce de rêve mais un rêve plus vrai et plus vivant que la vie terrestre actuelle, car celle-ci n'est en réalité qu'un rêve, et un rêve autrement rempli d'illusions que la vie de ciel.

Chaque pensée élevée, chaque aspiration supérieure formulée pendant l'incarnation reçoit son plein accomplissement dans le paradis. Chaque sentiment désintéressé — amour pur, dévotion, dévouement pour l'humanité — y trouve une fructification merveilleuse.

L'Ego ignore d'ordinaire (1) qu'il a quitté le

(1) Il faut faire une exception pour les Egos très évolués. Ceux-ci ne sont pas dans un ciel uniquement constitué par les productions de leur action mentale ;

plan terrestre ; il est entouré par tous les objets de ses désirs élevés et altruistes, par toutes les personnes qu'il a aimées d'un amour pur, et il complète son cycle de vie par l'assimilation entière des résultats de sa dernière incarnation.

Après un laps de temps assez long, — d'un à quinze siècles, selon les cas, — les forces spirituelles et mentales (1) qu'il a créées s'épui-

ils sont pleinement conscients de ce qui les entoure, et pour eux le Dévakhan n'est pas un *état* mais un *lieu*, un lieu dont les merveilles dépassent toute expression.

(1) Ces forces sont présentes dans le corps (corps mental) de l'Ego en Dévakhan ; elles décident de la nature de son état de conscience et créent son Ciel particulier. Quand elles sont épuisées, l'Ego rejette le corps mental qui se dissocie à son tour, et la vie dévakhanique cesse parce qu'il ne reste plus rien pour faire à l'Ego un milieu personnel. Cet Ego se trouve alors revêtu par le seul « Corps causal », son véritable corps. Mais celui-ci n'est point suffisamment développé, chez l'homme ordinaire, pour lui permettre une vie consciente sur ces milieux élevés, milieux où les formes deviennent si différentes de celles du plan dévakhanique inférieur (monde pour lequel est adapté le corps mental) qu'on peut dire qu'elles ne sont plus des formes ; les

sent et l'état dévakhanique cesse. Il tombe alors dans une heureuse inconscience.

Quand l'heure sonne pour son retour à la terre, les germes formés pendant l'existence dernière se mettent à fructifier sur tous les plans successivement : il se revêt d'atomes de substance mentale, puis de matière astrale et enfin d'un moule (1) dans lequel se formera un nouveau corps physique. Lorsque le corps terrestre est prêt, l'Ego se trouve

sons et les couleurs y indiquent les changements que la vibration produit sur la matière et constituent le langage des êtres divinisés qui y vivent. Lorsque le corps causal est bien développé, l'Ego n'a pas de Dévakhan inférieur (par ce mot l'on entend l'état semi-illusoire dont nous avons parlé); il vit en pleine conscience sur tous les sous-plans mentals, au milieu des Êtres élevés qui y poursuivent leur évolution. Cette question des états de conscience dévakhanique est difficile, au début, mais on la comprend peu à peu, avec l'étude et la réflexion.

(1) Ce moule est le « double » dans lequel les molécules physiques viennent se déposer pour créer le corps physique visible.

RÉINCARNÉ

dans une contrée, une race, une famille et un corps en rapport avec ses facultés et mérites.

L'on a souvent fait objection à la doctrine des Renaissances, disant que, si elle était vraie, nous devrions conserver le

## SOUVENIR DE NOS PRÉCÉDENTES INCARNATIONS

Cette difficulté n'en est plus une lorsque l'on est arrivé à comprendre que la conscience de l'état de veille n'est que la conscience de l'Ego déformée considérablement par la conscience très vive de l'âme animale, et amoindrie par l'incapacité du cerveau physique à répondre à la

2

plus grande partie des vibrations générées par l'Ego dans le corps causal. La mémoire a plusieurs sièges : le *cerveau*, d'abord, instrument de la mémoire éphémère, de l'état de veille, et enfin le *corps causal*, réceptacle de la mémoire éternelle. Quand le cerveau est malade, la mémoire du plan terrestre disparaît ou devient confuse. Après la mort, le cerveau est détruit, un nouveau cerveau se reforme à la réincarnation suivante, et ce dernier, n'ayant pas vibré sous les souvenirs de l'existence précédente, ne peut en conserver la mémoire pour la personnalité nouvelle. Mais le corps causal ne périt pas : le souvenir de toutes les existences s'y trouve inscrit, et quand il est suffisamment développé pour en faire la lecture, l'Ego n'ignore plus ses vies antérieures. — Pourtant, comme la conscience de l'Ego ne peut, chez l'homme ordinaire, s'imprimer sur le cerveau, l'Ego arrive à connaître (sur son plan), bien avant la conscience physique, la mémoire de ces lointains passés, et ce n'est qu'avec les progrès de l'évolution que les véhicules inférieurs s'épurent, s'harmonisent et que les vibrations du corps causal arrivent à se répercuter sur les « principes inférieurs » *jusqu'au cerveau*.

A ce moment, la « conscience supérieure »
s'imprime sur celle de l'état de veille, et il n'y
a plus de lacunes dans la mémoire ; on se sou-
vient des événements anciens et récents dans
leurs plus petits détails (1).

Cet état glorieux est encore loin de notre
humanité, car ce n'est que lorsque la purification est complète, que l'Ego devient capable de
regarder en arrière, à travers l'ensemble de ses
incarnations, et de voir, le long de sa course,
le résultat de chaque cause.

Cette répétition des existences successives
sur le plan physique et dans l'Au-Delà continue
jusqu'à ce que l'Ego ait obtenu un tel empire
sur les principes inférieurs et une telle connaissance des Lois de la Vie, qu'il n'ait plus rien à
apprendre ici-bas. Sa conscience a tellement
grandi alors, s'est tellement étendue qu'il peut

(1) Ce passage sera aussi sans doute difficultueux,
mais une étude approfondie des mystères de l'Ego, et
la méditation patiente créeront dans l'homme le pont
qui fait communiquer le divin avec l'humain.

## ENTRER EN NIRVANA

c'est-à-dire fusionner jusqu'à un certain point avec la Divinité universelle sans perdre son « Individualité » consciente (ce qui peut paraître paradoxal), ou devenir un *Nirmanakaya*. Ceux que les orientaux ont nommé les Nirmanakayas sont des Egos pleinement développés, n'ayant plus à renaître sur la terre, et qui, au lieu d'accepter la glorieuse béatitude du Nirvana, préfèrent se consacrer à l'aide de l'humanité. Ils demeurent sur un plan invisible, mais relié à la terre et de là agissent sur les Egos en évolution sur notre « chaîne », les réconfortant, les conseillant, infusant en eux l'énergie voulue pour accélérer le dur pèlerinage qu'ils ont à compléter, alors même que leur conscience physique ignore ces rapports transcendants.

L'Ego libéré qui choisit l'état de Nirmanakaya fait ce qu'on appelle

## LA GRANDE RENONCIATION

et s'oblige volontairement à travailler pour
la race humaine, aussi longtemps qu'il se trouve
une seule âme trop imparfaite pour entrer en
Nirvana. L'immensité de ce sacrifice ne peut
être conçue par notre esprit borné.

Ces grandes Ames surveillent l'humanité et,
aux moments où le monde est prêt à recevoir
un complément important d'instruction spirituelle, l'une d'elles s'incarne, parfois, dans une
forme humaine ordinaire et passe à travers les
hommes comme un grand Maître, un Christ ou
un Bouddha ; à d'autres moments des hommes
dont la spiritualité est élevée, bien qu'ils n'aient
pas atteint la perfection nirvanique, sont choi-
sis par ces grandes Ames, instruits de certaines
portions de la Doctrine, et chargés de la porter
à la connaissance de leurs semblables. C'est
dans cette classe de Messagers qu'il faut placer
notre vénéré Instructeur H.-P. Blavatsky.

2*

## LA THÉOSOPHIE N'EST PAS L'ANTAGONISTE DU CHRISTIANISME NI DE TOUTE AUTRE RELIGION

Elle enseigne qu'il n'y a qu'une seule Religion — la Vérité — mais que cette Vérité est trop haute, trop profonde, trop étendue, pour qu'une intelligence humaine ordinaire puisse la saisir tout entière : l'homme est fini et la Vérité, c'est-à-dire la Religion, est Infinie. Les religions sont des expressions incomplètes et plus ou moins dégénérées de la *Vérité* ou de ce que nos ancêtres Aryens appelaient la *Religion-Sagesse ;* chacune d'elles a été établie par des Initiés qui, s'inspirant des besoins des masses à l'évolution desquelles ils se consacraient, ont formulé un ensemble d'enseignements moraux et spirituels que ces masses devaient s'assimiler peu à peu.

Quand une race passe à un stade plus avancé, les formules religieuses qui expriment à ses yeux les faits de la spiritualité doivent être adaptées à ses nouveaux besoins et aux aspira-

tions plus hautes de ses facultés mieux déve-
loppées ; des Instructeurs qualifiés projettent
alors de la lumière sur l'écorce du dogme pour
mieux en montrer l'*esprit*.

Dans le sein d'une Eglise dirigée par des
Initiés — c'est-à-dire par des hommes hautement
évolués, connaissant les besoins spirituels de
leurs frères moins avancés — existent toujours
des degrés mystiques, des espèces de *classes*
dans lesquelles un enseignement plus complet
est donné et dans lesquelles on fait entrer les
âmes à mesure qu'elles deviennent aptes à
saisir des aspects plus complets de la Vérité.

C'est l'origine de toutes les Initiations ou cé-
rémonies initiatiques. Les *Mystères* de l'Egypte
et de la Grèce, les écoles philosophiques des
antiques Initiés — pythagoriciens, platonistes et
gnostiques — contenaient ces classes élevées de
l'enseignement religieux ; malheureusement,
avec la disparition de leurs fondateurs, ces
centres de savoir spirituel et scientifique dégé-
nérèrent complètement.

La primitive Eglise chrétienne avait, elle
aussi, des degrés spéciaux d'enseignement et
classait les fidèles en plusieurs groupes. Il y
avait les *audientes* (à qui il n'était permis que

d'écouter et à qui l'on présentait les vérités les plus simples), les *compétentes* (qui étaient devenus capables de comprendre des parties les plus élevées de l'enseignement), les *electi*, les élus (qui étaient jugés dignes d'entrer dans les rangs des Initiés du christianisme), et enfin les *parfaits* (ceux qui avaient reçu l'explication des Grands Mystères). Saint Paul, dans son style imagé, donne du *lait* (l'explication sommaire, la « lettre ») aux Néophytes, de la *viande* (l'exégèse supérieure, l' « esprit ») aux élus (I *Corinth.*, iii, 1) et prêche la *Sagesse* (les hautes Vérités) aux Parfaits (I *Corinth.*, ii, 6).

La Société Théosophique contient ces quatre classes ; la première comprend les simples membres, la deuxième admet ceux qui sont devenus capables de comprendre un aspect plus élevé de l'enseignement, la troisième n'est composée que d'une minorité d'élite, la quatrième comprend des Initiés : ils sont extrêmement rares.

Les plus éminents des Théosophes disent qu'il faut

ILLUMINER LES DOGMES ET LES MYSTÈRES

des grandes Religions, et non les combattre ou chercher à les détruire : C'est ce que fait, en particulier, le grand apôtre, cher à tous, M<sup>me</sup> Annie Besant.

Elle a étudié l'enseignement de toutes les religions et s'efforce d'en faire jaillir (pour leurs sectateurs) l'*esprit* qui vivifie. Ainsi, aux Indous elle explique l'ésotérisme (1) brahmanique ; avec les bouddhistes elle parle bouddhisme ésotérique ; chez les chrétiens elle révèle l'« esprit chrétien » ; aux fils d'Islam elle dévoile les merveilles de la Gnose des Sûfis (2). C'est la meilleure manière d'éclairer les hommes et de leur prouver l'Unité spirituelle de toutes les religions.

(1) L'Esprit : la vie, la lumière dans la lettre morte.
(2) Les mystiques du Mahométisme.

# LES POINTS COMMUNS DU CHRISTIA-NISME AVEC LA THÉOSOPHIE

sont nombreux, car toutes deux sortent de la même source. Le premier de tous est la proclamation de la Fraternité spirituelle de *tous les hommes*, but capital de la Société théosophique et loi caractéristique du christianisme :

` Toute la loi se résume dans une parole : Tu aimeras ton prochain comme toi-même. *Galat.*, v, 14.

Un autre aspect de ce point important commun c'est la reconnaissance de l'Identité de l'Esprit divin et de l'Esprit humain. Ecoutons saint Paul :

*Ephes.*, iv, 4, 5, 6 : Il n'y a qu'un seul Esprit qu'un seul Seigneur, qu'un seul Dieu, qui est par-dessus tous, parmi tous et dans tous.

I *Corinth.*, xii, 7 : L'esprit se manifeste en chacun.

I *Corinth.*, ii, 12 : Ne savez-vous pas que vous êtes le temple de Dieu et que Dieu habite en vous.

II *Corinth.*, ii, 5 : Dieu nous a donné pour arrhes son Esprit.

\*\*\*

L'ésotérisme chrétien enseigne comme la Théosophie, mais avec beaucoup moins de détails, l'Evolution (1) universelle.

*Romains*, viii, 22, 23 : Toutes les créatures soupirent et sont en travail et non seulement elles, mais nous aussi, en *attendant l'adoption*.

*Romains*, viii, 19, 20, 21, 22, 23 : Aussi les créatures attendent-elles avec un ardent désir que les enfants de Dieu soient manifestés, car ce n'est pas volontairement qu'elles sont assujetties, et elles espèrent qu'elles seront délivrées de la servitude pour être dans la liberté glorieuse des enfants de Dieu.

Ce qui veut dire : L'Evolution universelle développe tous les êtres ; tous arriveront à l'état

(1) Le Congrès catholique de Fribourg, l'a enseignée.

glorieux qui caractérise l'humanité (tous deviendront des « enfants de Dieu ») et leurs âmes soupirent ardemment vers la fin de l'enfantement laborieux qui doit leur faire atteindre le règne humain : l'*adoption*.

L'être arrivé au stade humain voit s'ouvrir devant lui des horizons plus larges encore ; le Christ (1) doit se développer pleinement en lui, et tant que ce développement n'est pas achevé, la sainteté et l'intelligence, la force et l'amour ne sont pas complets, mais proportionnels à la manifestation du « Christ » en lui.

*Ephes.*, iv, 7, 13 : La grâce nous est donnée selon la mesure du don du Christ... jusqu'à ce que nous soyons tous arrivés à la mesure de la stature parfaite du Christ.

A ce moment, — quand le « Christ » est entièrement formé en lui,—l'homme reçoit l'instruction face à face, c'est-à-dire directement de son Maître spirituel, l'Ego divin :

I *Corinth.*, xiii, 12 : Nous voyons confusément maintenant, et comme dans un miroir, mais alors nous verrons face à face.

(1) Voir page 44 et suivantes la signification réelle de ce mot.

Ces versets si caractéristiques de l'enseignement ésotérique de saint Paul, ont été défigurés par des interpolations évidentes, mais, à travers ces déformations, l'on peut voir encore la flamme pénétrante de l' « esprit ».

* * *

L'évolution humaine se trouve complétée dans le chapitre qui traite des corps divers de l'homme.

I *Corinth.*, xv, 45 : Adam (le premier homme) a été fait avec une âme vivante ; le dernier Adam est un esprit vivifiant.

I *Corinth.*, xv, 44 : Il est semé corps animal, il ressuscitera corps spirituel.

I *Corinth.*, xv, 46 : Ce qui est animal vient le premier, le spirituel vient ensuite.

L'âme vivante — le « premier Adam » — c'est le *Nephesh* de la Bible, le Kama, ou âme animale de l'enseignement théosophique ; l'esprit vivifiant — le dernier Adam — c'est l'Ego : *Ma-*

*nas uni à Bouddhi* (1). Le germe de l'intelligence (Manas) est dans l'âme animale (dans le corps animal, *Kama*). Quand son évolution est achevée, ce germe devient le « corps spirituel » ou Corps causal, contenant la flamme divine d'*Atma-Bouddhi-Manas*.

Au sujet des divers corps, saint Paul n'est pas aussi complet que la Théosophie ; il ne parle nettement que de l'âme vivante (qu'il appelle le « corps animal ») et du « corps spirituel ». Pourtant il semble laisser entrevoir leur pluralité quand il dit :

« Qu'il y a des corps terrestres et des corps célestes, mais que leur état est différent » (I *Corinth*, xv, 40).

En effet, par les mots « corps terrestres », il n'entend pas le corps physique, car il n'a aucun éclat ; il veut parler du corps vital (le double) et du corps kamique (l'âme animale) qui, pour l'œil interne, sont lumineux ou colorés.

Les « corps célestes » sont les corps mental, bouddhique et atmique dont la lumière est de plus en plus merveilleuse et vivante.

(1) Voir, à la page 14, le tableau des « principes » de l'homme.

.˙.

Au sujet de la *Prière*, la Théosophie dit que si l'on entend par là une *demande* faite pour obtenir des faveurs personnelles, cette prière n'est permise qu'aux âmes faibles et ignorantes, mais qu'on doit l'éviter de toutes ses forces.

La prière des théosophes n'est point celle-là ; ils ne prient point pour « demander » des faveurs personnelles ; ils prient pour demander à Dieu d'aider les hommes en évolution, et plus spécialement ceux qui portent une croix très lourde ; ils prient pour adorer, pour s'unir (communier) avec l'Esprit de Dieu qui vibre au fond de leur cœur ; ils veulent le sentir, l'entendre, le connaître, parce qu'ils savent *qu'il est eux-mêmes.*

C'est la prière dont parle l'Evangéliste.

*Mathieu,* vii, 6 : Quand tu pries, entre dans ton ca-

binet et, ayant fermé la porte, prie ton père qui est
dans le lieu secret...

Le « lieu secret » c'est le cœur, car le cœur
est le siège de ce qu'il y a de plus élevé dans
l'homme — le Rayon de l'Esprit universel.

Il est pourtant une forme particulière de la
prière-demande qui est pratiquée par les théosophes : ils savent que les êtres sont étroitement solidaires ; que les Aînés — les Ames
libérées — aident sans cesse leurs frères moins
avancés ; que, sur l'échelle qui monte vers le
Verbe (l'Esprit de Dieu), le pèlerin a besoin de
la main de ceux qui sont au-dessus de lui·
C'est pourquoi ils demandent souvent l'appui de
ceux qui ont atteint le But.

*<br>* *

La grande loi du *Karma* se rencontre dans
l'Evangile et dans les écrits des apôtres :

*Galat.*, vii, 7, 8 : Ce que l'homme sème, il le récolte.
Celui qui sème pour la chair moissonnera la corrup-

tion : celui qui sème pour l'esprit recueillera la vie éternelle.

*<br>* *

Quant à la *Réincarnation*, elle est enseignée dans le Nouveau Testament. Les récits de saint Marc (vi, 14, 15, 16), de saint Matthieu (xiv, 1, 2), de saint Luc (ix, 7, 8, 9) prouvent que les Juifs admettaient la réincarnation pour Elie et les prophètes. Dans saint Matthieu (xi, 7, 9, 13, 14 ; xvi, 13, 14 ; xvii, 12, 13), Jésus assure que Jean-Baptiste est Elie réincarné. Mais le plus remarquable des passages de l'Evangile à ce sujet est, sans contredit, celui de saint Jean (ix, 1, 2, 3), où l'on voit que si, en Judée, l'on pouvait ignorer que la réincarnation eût la fixité d'une loi, l'on admettait parfaitement qu'elle pouvait se produire chez *tous* les hommes.

Comme Jésus passait, il vit un aveugle de naissance. Les disciples lui demandèrent : Maître, qui a péché ? Est-ce cet homme, ou son père, ou sa mère, pour qu'il soit ainsi aveugle. Jésus répondit : Ce n'est point qu'il ait péché, ni son père, ni sa mère, mais c'est afin que les œuvres de Dieu soient manifestées en lui.

Il s'agit d'un aveugle de naissance, et les Juifs demandent à Jésus s'il est aveugle parce qu'il a péché, ce qui indique clairement qu'ils voulaient parler des péchés qu'il avait pu commettre dans une existence précédente : aussi leur réflexion est-elle faite tout naturellement sans détails, comme lorsqu'il s'agit d'une chose bien connue de tout le monde et n'ayant pas besoin d'explications. Jésus répond tout aussi simplement, sans s'étonner de cette énonciation tacite du dogme des Renaissances, et comme quelqu'un qui le reconnaît :

Ce n'est point parce qu'il a péché... mais afin que les œuvres de Dieu soient manifestées en lui.

Cette réponse nous paraît avoir été défigurée, comme tant d'autres, car, sans cela, elle signifierait qu'il n'y avait pas de raison à la cécité de cet homme, si ce n'est le caprice de Dieu. Il est donc probable que la réponse complète affirmait la Réincarnation et que la main d'un mutilateur qui n'y croyait pas a voulu en effacer les traces.

.˙.

Il est certains

## Points de désaccord apparent

Entre la Théosophie et le Christianisme, mais, invariablement, c'est là où les ignorants ont voulu imposer la « lettre ».

L'un des plus grands est celui qui provient de la signification donnée au terme « Christ ».

Les Théosophes disent que l'échelle des êtres est infinie, que de l'homme à l'émanation première de l'Absolu (1), de l'homme à la Trinité, s'étendent un nombre formidable de degrés de développement.

(1) L'Essence incompréhensible qui n'est ni matière, ni force, ni intelligence mais qui pourtant est la racine sans racine, la cause incausée de cette trinité de qualités dont les innombrables aspects constituent l'Univers, les philosophes la nomment l'Absolu.

Un véhicule matériel, — le corps humain physique, par exemple, — ne peut exprimer qu'un nombre très limité de facultés, quelle que soit sa perfection.

Jamais les puissances infinies du Vĕrbe — qui est l'âme de l'Univers — né pourront être manifestées par un corps humain. Ce corps du Verbe, du fils de Dieu, du Christ (1), c'est l'Univers *entier*, et toutes les qualités de cet Univers, toutes les facultés des agrégats de matière (visibles et invisibles) que nous appelons des êtres ont pour cause cet Esprit universel dans lequel nous vivons et nous nous mouvons.

I *Corinth.*, xii, 6, 7, 8, 9, 10, 11 : Dieu opère en toutes choses et en tous ; l'Esprit se manifeste en chacun ; l'Esprit, est ce qui donne Sagesse, science, foi, don de guérir, don de miracle, de prophétie, discernement des esprits don des langues ; — c'est un seul et même Esprit qui opère toutes ces choses.

Tous les êtres sont animés par une étincelle de ce Soleil central spirituel qui brille dans la Trinité divine.

(1) Ici le mot Christ signifie l'*Esprit universel :* l'Ame du monde, le fils de Dieu ou 2ᵉ Logos.

3ᵉ

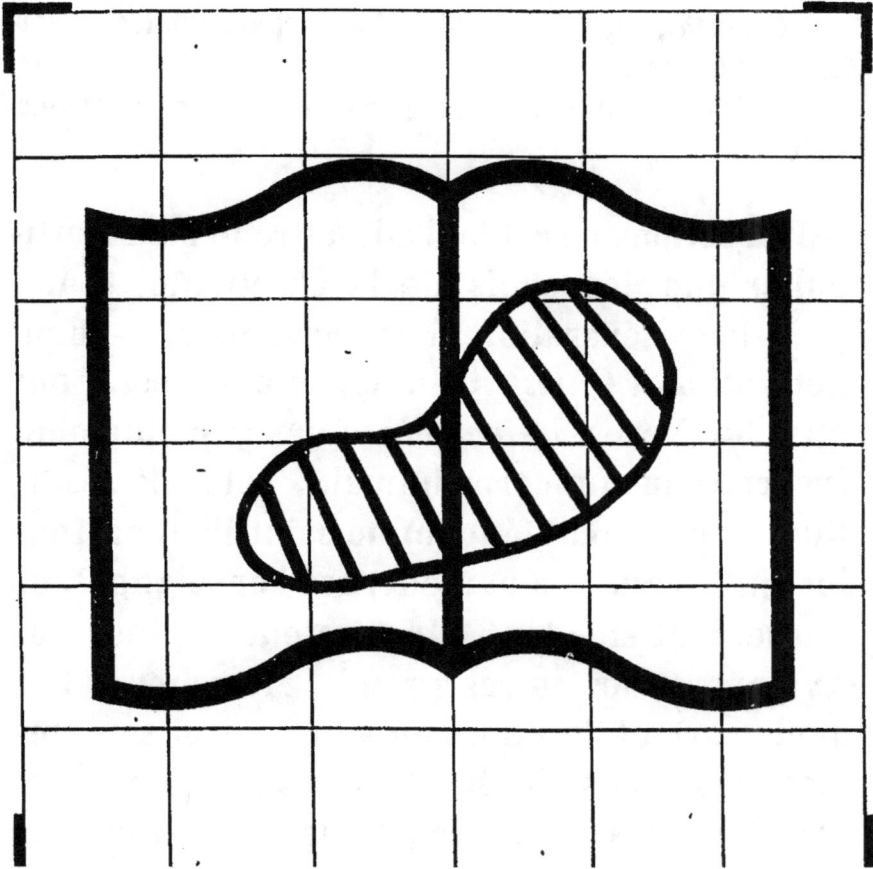

*Romains;* x, 8 : Le Verbe est dans ta bouche, dans
ton cœur.

Nos corps eux-mêmes ne sont que des portions du corps du Verbe.

I *Corinth.*, ii, 13, 15, 20 : Vos corps sont les membres de Christ.
Glorifiez Dieu dans votre corps et dans votre esprit.

Il n'est pas possible d'admettre le sens particulier que les chefs de la chrétienté, — depuis leur séparation des gnostiques, — donnent au mot *Christ.* Celui-ci, en effet, est, pour
eux, le Verbe *universel* LUI-MÊME, pleinement
incarné dans un corps humain, celui de Jésus,
tandis qu'en réalité, comme saint Paul et tous
les Initiés anciens et modernes l'enseignent, ce
Verbe, tout en étant l'Inspirateur de tous les
Avatars et des autres grands Messagers, les-
quels parlent toujours en son nom et se nomment les « Fils de Dieu », ne s'est jamais incarné et ne s'incarnera jamais PLEINEMENT dans
un corps humain ; il est le Verbe infini dont
nos âmes sont des étincelles, du corps duquel
nos corps sont des portions infimes, et dont

les facultés infinies ne sauraient trouver leur pleine expression que dans un Univers.

Le mot « le Christ » est aussi le symbole qui exprime la présence en tout être d'un rayon (le Christ individuel) de cet Esprit universel. Ce rayon n'y est d'abord qu'à l'état de germe et se développe lentement au cours des âges. Lorsque l'évolution a édifié les « corps internes » d'un être, au degré nécessaire pour en faire un homme — c'est-à-dire lorsque le (1) Corps causal est bien développé — ce rayon divin incarné commence à manifester les qualités supérieures, divines ; quand le perfectionnement du « corps spirituel » (Atma-Bouddhi-Manas dans le corps causal) atteint un degré très élevé, le rayon devient, pour ainsi dire, visible à travers les corps extérieurs, et l'on appelle l'homme qu'il illumine un Initié, une grande Ame, un Bouddha, un Christ : le Christ (2).

Saint Paul est rempli de cette idée ; elle est partout exprimée dans ses Épîtres, lesquelles, malgré les mutilations subies, portent encore des traces brillantes de l'esprit des Ecritures.

(1) Voir page 26.
(2) Ce que la Théosophie a nommé le rayon d'Atma,

I *Corinth.*, xiii, 5 : Ne reconnaissez-vous pas que le Christ est en vous ?

Coloss., iii, 4, 11 : Christ est votre vie.

Christ est toutes choses en tous.

*Romains.*, viii, 10, 11 : Christ est en nous.

Ce qu'il appelle le « Mystère du Christ », le « Mystère de l'Evangile », c'est la présence en l'homme de ce rayon du Verbe, de cette étincelle de l'esprit de Dieu appelé « Christ ».

*Coloss.*, i, 25, 26, 27 : J'ai été chargé d'annoncer pleinement la parole de Dieu, c'est-à-dire le mystère qui a été dans tous les siècles et que Dieu a maintenant manifesté à ses Saints, savoir, que *Christ est en vous.*

Le catholicisme a dit : Hors de l'Eglise point de salut. D'après la Théosophie, au contraire, le *salut peut s'accomplir dans n'importe quelle religion,* parce que le principe « Christ », le rayon divin (*Atma-Buddhi*) est en tout homme, à quelque culte qu'il appartienne, et parce qu'il se développe *jusqu'à ce qu'il soit parvenu à la stature parfaite du Christ* (Ephés., iv, 13).

ou, comme on le dit encore, Atma-Bouddhi reflété dans *Manas* ou dans le Corps causal.

Le « Mystère du Christ », en effet, c'est la révélation de la présence divine dans l'homme ;
c'est l'affirmation que le « Christ » est en tout
homme quelle que soit la religion en laquelle
il vit : « chez les circoncis, chez les gentils,
comme chez les autres » :

*Ephés.*, III, 3, 4, 5, 6 : Dieu m'a fait connaître le mystère du Christ, mystère qui n'a pas été découvert aux
enfants des hommes dans les temps passés, et qui a
été révélé maintenant par l'Esprit à ses Saints et aux
prophètes, *qui est que les gentils participent à la pro-
messe que Dieu a faite en Christ.*
*Romains*, III, 29 : Il y a un seul Dieu qui justifiera
circoncis et incirconcis, par la foi.

*Le salut peut se faire même hors de toute
religion extérieure*, car chacun possède en soi
l'Esprit de Dieu qui est l'Esprit de toute vérité,
et qui peut répandre cette vérité sur les hommes
qui aspirent à la connaître.

*I Corinth.*, II, 10 : L'Esprit sonde toutes choses,
même ce qu'il y a de plus profond en Dieu.
*I Corinth.*, II, 11 : Qui connaît ce qui est en l'homme
si ce n'est l'esprit de l'homme, et en Dieu si ce n'est
l'esprit de Dieu.
*I Corinth.*, II, 12 : Or, nous avons reçu l'esprit de
Dieu.

I *Corinth.*, ɪɪ, 15 : L'homme spirituel juge de toutes choses.

∴

La *Communion* est le symbole de l'« Union », qui, dans l'homme largement développé, peut s'effectuer entre Manas (l'« âme humaine ») et l'âme spirituelle, le Christ (*Atma-Bouddhi*).

Lorsque cette union s'accomplit, la lumière divine du rayon du Verbe divin éclaire si vivement l'Ego, qu'il en est subitement illuminé. Les Orientaux expriment cet état sublime par le mot Yoga qui, en sanscrit, signifie « Union ».

Chez des mystiques purs et d'une haute dévotion, l'union du « moi » ou *rayon* divin incarné se produit parfois.

Les chrétiens croient recevoir le *corps matériel* du Verbe en eux ; les théosophes s'en tiennent à « l'esprit » du sacrement chrétien et affirment que la « Communion » complète, l'union de la Triade spirituelle d'un homme avec l'Esprit universel, n'est possible que chez un *Avatar*, c'est-à-dire chez un être arrivé vers le sommet de l'ÉCHELLE ÉVOLUTIVE.

*
* *

La grâce est répandue dans l'Univers tout entier.

Elle est la Vie divine partout prête à relever, à réchauffer et encourager ; mais l'homme, par l'appel, et surtout par l'amour, doit fournir à cette Vie un véhicule. Le Logos omniprésent, suprême Veilleur, est attentif à toutes nos souffrances, à toutes nos aspirations. Sa conscience inclut celle de tous les êtres et tous lui sont également chers, car le ver de terre contient la vie de l'Infini tout comme la contient un Esprit planétaire : tous les corps sont des fragments de son corps (l'Univers), toutes les âmes sont des rayons de flamme souveraine. C'est lui qui envoie sa grâce à tous ceux qui l'appellent avec foi et avec amour.

∴

Nous espérons que cet exposé, bien que sommaire et très imparfait, donnera le désir de mieux connaître ce merveilleux flambeau et de lire des ouvrages plus avancés de l'enseignement théosophique.

# TABLE DES MATIÈRES

—

# RENSEIGNEMENTS

—

La Société théosophique est un organisme composé d'étudiants appartenant, ou non, à l'une quelconqué des religions ayant cours dans le monde. Tous ses membres ont approuvé, en y entrant, les trois buts qui font son objet ; tous sont unis par le même désir de supprimer les haines de religion, de grouper les hommes de bonne volonté, quelles que soient leurs opinions, d'étudier les vérités enfouies dans l'obscurité des dogmes, et de faire part du résultat de leurs recherches à tous ceux que ces questions peuvent intéresser. Leur solidarité n'est pas le fruit d'une croyance aveugle mais d'une commune aspiration vers la vérité qu'ils considèrent, non comme un dogme imposé par l'autorité, mais comme la récompense de l'effort, de la pureté de la vie et du dévouement à un haut idéal. Ils pensent que la foi doit naître de l'étude ou de l'intuition, qu'elle doit s'appuyer sur la raison et non sur la parole de qui que ce soit.

Ils étendent la tolérance à tous, même aux intolérants, estimant que cette vertu est une chose que l'on doit à chacun et non un privilège que l'on peut accorder au petit nombre. Ils ne veulent point punir l'ignorance, mais la détruire. Ils considèrent les religions diverses comme des expressions incomplètes de la Divine Sagesse et, au lieu de les condamner, ils les étudient.

Leur devise est Paix ; leur bannière, Vérité.

La Théosophie peut être définie comme l'ensemble des vérités qui forment la base de toutes les religions. Elle prouve que nulle de ces vérités ne peut être revendiquée comme propriété exclusive d'une église. Elle offre une philosophie qui rend la vie compréhensible et démontre que la justice et l'amour guident l'évolution du monde. Elle envisage la mort à son véritable point de vue, comme un incident périodique dans une existence sans fin, et présente ainsi la vie sous un aspect éminemment grandiose. Elle vient, en réalité, rendre au monde l'antique science perdue, la *Science de l'Ame*, et apprend à l'homme que l'âme c'est lui-même, tandis que le mental et le corps physique ne sont que ses instruments et ses serviteurs. Elle éclaire les Ecritures sacrées de toutes les religions, en révèle le sens caché, et les justifie aux yeux de la raison comme à ceux de l'intuition.

Tous les membres de la Société théosophique étudient ces vérités, et ceux d'entre eux qui veulent devenir Théosophes, au sens véritable du mot, s'efforcent de les vivre.

Toute personne désireuse d'acquérir le savoir, de pratiquer la tolérance et d'atteindre à un haut idéal, est accueillie avec joie comme membre de la Société théosophique.

# SIÈGE DE LA SECTION FRANÇAISE

## DE LA

# SOCIÉTÉ THÉOSOPHIQUE

*59, avenue de La Bourdonnais, Paris.*

———

### Buts de la Société

1º Former un noyau de fraternité dans l'humanité, sans distinction de sexe, de race, de rang ou de croyance.

2º Encourager l'étude des religions comparées, de la philosophie et de la science.

3º Étudier les lois inexpliquées de la nature et les pouvoirs latents dans l'homme.

L'adhésion au premier de ces buts est seule exigée de ceux qui veulent faire partie de la Société.

Pour tous renseignements s'adresser, selon le pays où l'on réside, à l'un ou l'autre des secrétaires généraux des Sections diverses de la Société dont voici les adresses :

*France* : 59, avenue de La Bourdonnais, Paris, 7e·
*Grande-Bretagne* : 28, Albemarle street, Londres, W.
*Pays-Bas* : 76, Amsteldjik, Amsterdam.
*Italie* : 1, Corso Dogali, Gênes.
*Scandinavie* : 7, Engelbrechtsgatan, Stockolm.

*Indes* : Theosophical Society, Benarès, N. W. P.
*Australie* : 42, Margaret street, Sydney, N. S. W.
*Nouvelle-Zélande* : Mutual Life Building, Lower Queen street, Auckland.
*Allemagne* : 17, Motzstrasse, Berlin, W.
*Amérique* : 7 W. 8th street, New-York.
*Cuba* : Apartado 365. La Havane.

# ÉTUDE GRADUÉE
## de l'Enseignement Théosophique.
### EXTRAIT DU CATALOGUE

———

### *Ouvrages élémentaires*

ANNIE BESANT. — La Théosophie et son œuvre
dans le monde. . . . . . . . . . . 0 20
— La Nécessité de la Réincarnation . . . . . 0 20
— La Théosophie est-elle anti-chrétienne . . 0 20
C. W. LEADBEATER. — La Théosophie dans la vie
quotidienne . . . . . . . . . . . . 0 20
— L'Evangile de Sagesse . . . . . . . . 0 20
— Une esquisse de la Théosophie . . . . . 1 25
Dr Th. PASCAL. — La Théosophie en quelques
chapitres. . . . . . . . . . . . . 0 50
ARNOULD. — Les croyances fondamentales du
Bouddhisme . . . . . . . . . . . . 1 »
AIMÉE BLECH. — A ceux qui souffrent . . . . 1 »

### *Ouvrages d'instruction générale*

J.-C. CHATTERJI. — La Philosophie ésotérique de
l'Inde . . . . . . . . . . . . . . 2 »
ANNIE BESANT. — La Sagesse antique . . . . 5 »
A. P. SINNETT. — Le Bouddhisme ésotérique. . 3 50
— Le Développement de l'âme . . . . . . 5 »
R. A. — L'histoire de l'âme . . . . . . . 2 50

### *Ouvrages d'instruction spéciale*

ANNIE BESANT. — La mort et l'au-delà . . . . 1 50
— Evolution de la Vie et de la Forme. . . . 2 50

— Dharma . . . . . . . . . . . 1 »
— Le Christianisme ésotérique . . . . . . 4 »
— Le Pouvoir de la Pensée . . . . . . 1 50
C. W. Leadbeater. — Le Plan astral . . . . 1 50
— Les Aides invisibles. . . . . . . . 2 »
— Le Credo chrétien . . . . . . . . 1 50
— L'homme visible et invisible, avec 23 planches coloriées . . . . . . . . . . 7 50
A. Besant et Leadbeater. — Les Formes Pensées, 30 planches coloriées. . . . . . . . 8 »
Dr Th. Pascal. — Les lois de la Destinée. . . 2 50
H. P. Blavatsky. —Doctrine secrète, 1er vol. . 8 »
                     2e vol. (épuisé). . . . . » »
                     3e vol. . . . . . . . 7 »
                     4e vol. (en préparation). . » »

### Ouvrages d'ordre éthique

La Théosophie pratiquée journellement . . . 0 50
Annie Besant. — Vers le Temple. . . . . . 2 »
— Le Sentier du Disciple . . . . . . . 2 »
— Les trois Sentiers. . . . . . . . . 1 »
La Doctrine du Cœur, relié. . . . . . . 1 50
H. P. Blavatsky. — La voix du Silence . . . 1 »
La Lumière sur le Sentier, transcrit par M. C., relié . . . . . . . . . . . . . . 1 50
La Bhagavad Gita. . . . . . . . . . 2 50

Revue Théosophique française : le *Lotus Bleu*, publie la *Doctrine Secrète* en fascicules distincts. Le numéro 1 fr. Abonnement : France, 10 fr. ; Etranger, 12 fr. Années antérieures, 12 fr.

# PUBLICATIONS THÉOSOPHIQUES

*10, rue Saint-Lazare, Paris*

---

## CONFÉRENCES ET COURS

SALLE DE LECTURE — BIBLIOTHÈQUE — RÉUNIONS

Au siège de la Société : 59, avenue de La Bourdonnais.

Le Siège de la Société est ouvert tous les jours de la semaine de 3 à 6 heures, et les premiers et troisièmes dimanches à 10 heures et demie du matin. Prière de s'y adresser pour tous renseignements.

---

IMPRIMERIE BUSSIÈRE. — SAINT AMAND (CHER)